RÉPUBLIQUE

ou

DÉCADENCE

Par L. MAGOIS

RÉFLEXIONS PUBLIÉES EN 1874, SANS NOM D'AUTEUR (1)

Imprimées à cette époque par Ferdinand Valliez, imprimeur à Compiègne, éditées par E. Lachaud, libraire-éditeur à Paris, 4, place du Théâtre-Français.

RÉIMPRIMÉES EN 1883

COMPIÈGNE

IMPRIMERIE A. MENNECIER ET Cie

17, RUE DES PETITES-ÉCURIES, 17

—

1883

(1) L'auteur exerçait alors une fonction qui lui faisait un devoir de ne pas livrer son nom à la publicité.

RÉPUBLIQUE

ou

DÉCADENCE

RÉPUBLIQUE

ou

DÉCADENCE

Par L. MAGOIS

RÉFLEXIONS PUBLIÉES EN 1871, SANS NOM D'AUTEUR (1)

Imprimées à cette époque par Ferdinand VALLIEZ, imprimeur à Compiègne, éditées par E. LACHAUD, libraire-éditeur à Paris, 4, place du Théâtre-Français.

RÉIMPRIMÉES EN 1883

COMPIÈGNE

IMPRIMERIE A. MENNECIER ET Cie

17, RUE DES PETITES-ÉCURIES, 17

—

1883

---

(1) L'auteur exerçait alors une fonction qui lui faisait un devoir de ne pas livrer son nom à la publicité.

PRÉFACE DE L'ÉDITION DE 1871

En ce moment solennel où la nation tout entière, maîtresse de ses destinées, est appelée à statuer sur la forme définitive de son gouvernement, c'est-à-dire à résoudre le problème le plus important qui puisse être soumis aux délibérations d'un peuple, il est nécessaire que la lumière se fasse, aussi éclatante que possible, sur les mérites ou les inconvénients des deux seuls systèmes entre lesquels le pays a la faculté de choisir : — LA MONARCHIE OU LA RÉPUBLIQUE. — En de telles circonstances, nulle voix, si modeste qu'elle soit, ne nous paraît avoir le droit de se taire, si elle croit pouvoir jeter quelque jour dans le débat. Ayant fait de la question une étude sérieuse, réfléchie, et, nous l'affirmons, dégagée de tout intérêt personnel; ayant par suite de cette étude acquis la conviction inébranlable que la République seule peut sauver la France dans la crise épouvantable qu'elle traverse, nous croyons devoir apporter notre faible contingent à l'œuvre d'élucidation générale qui s'opère actuellement, en faisant connaître à nos concitoyens les raisons qui, à nos yeux, rendent indispensable en France le gouvernement de la République.

30 Avril 1871.

Extrait du Journal LE NATIONAL

DU 30 JUIN 1871

RÉPUBLIQUE OU DÉCADENCE

(Paris, 1871 — in-8º. LACHAUD, éditeur.)

Que l'auteur d'un livre insignifiant ou médiocre ait gardé l'anonyme, il n'y a qu'à s'en féliciter pour lui ; mais quand nous ne trouvons aucune signature en tête de pages où de bonnes pensées sont écrites en bon style, nous regrettons de ne pouvoir remercier nominativement l'écrivain des enseignements qu'il donne et du plaisir qu'il procure.

Nous éprouvons ce sentiment après avoir lu la brochure nouvelle intitulée : *République ou Décadence !* Celui qui l'a composée, s'il s'était fait connaître, aurait certainement attiré sur lui l'attention de nombreux électeurs à la recherche de candidats sincèrement patriotes. Au moment où la nation entière, maîtresse de ses destinées, est sur le point de se donner une Constitution, il a mûrement pesé le pour et le contre, mis dans la balance République et Monarchie, et acquis par une étude sérieuse, réfléchie, la conviction inébranlable que la République seule peut sauver la France.

L'auteur commence par établir, etc., etc., . . . *(suit l'analyse de l'ouvrage)*. . . . .
. . . .
. . . .

Ce sont là des vérités que tous doivent reconnaître et auxquelles la brochure *République ou Décadence* est de nature à convertir les plus indécis et les plus récalcitrants. Elle n'a ni phrases pompeuses, ni tirades à effet; elle se sert d'un style simple et d'une logique serrée pour soutenir une thèse excellente; elle tient le langage du bon sens en faveur des droits des peuples, de la démocratie, ainsi que du développement normal et pacifique de la civilisation.

Emile de la BÉDOLLIÈRE.

RÉPUBLIQUE

ou

DÉCADENCE

CHAPITRE PREMIER

Considérations générales sur la République. Examen des critiques formulées contre cette forme de Gouvernement.

I

Malgré la répulsion instinctive qu'une grande partie de la nation française éprouve encore pour la République, il est peu de personnes intelligentes qui ne reconnaissent qu'en principe, au moins, le Gouvernement républicain est le meilleur des gouvernements. La République, en effet, étant bien véritablement le régime de la souveraineté nationale, c'est-à-dire de la nation se gouvernant elle-même par l'entremise de ses délégués ou représentants, il est de toute évidence qu'avec cette forme de gouvernement, les intérêts de *tous*, de quelque catégorie qu'ils soient et à quelque classe qu'ils appartiennent, doivent être, mieux qu'avec aucune autre, loyalement et équitablement représentés, défendus et protégés. Avec cette forme, par suite, les priviléges, les abus, et en général toutes les injustices, doivent progressivement disparaître, ou au moins (la perfection absolue n'étant pas de ce monde) être réduits et amoindris de façon à ne plus subsister que dans des proportions très restreintes et à l'état de rare exception. Avec cette forme encore, les progrès, les réformes et les améliorations doivent être d'une réalisation plus facile et plus sûre, la justice doit être mieux observée, les avantages et les charges plus équitablement répartis. Et comme l'exemple est l'un des principaux éléments de l'éducation parmi les hommes, il n'est nullement téméraire de penser qu'avec un tel régime, les citoyens, n'ayant plus sous les yeux le spectacle scandaleux de l'abus des faveurs, de la corruption et de l'intrigue, et voyant au contraire appliquer dans les sphères gouvernementales les principes de justice et d'équité qui doivent être la base de toute vraie civilisation, tendront eux-mêmes de plus en plus à s'améliorer, à se civiliser, à devenir vertueux et honnêtes.

A tous ces avantages, enfin, le Gouvernement républicain en joint un autre qu'il importe de ne pas oublier. Exempt du luxe effréné des cours et des prodigalités de toutes sortes qui écrasent les contribuables sous les gouvernements monarchiques, il coûte moins cher qu'aucun autre, et il est le véritable type du gouvernement *à bon marché*.

Donc le Gouvernement républicain n'est pas seulement un bon gouvernement ; il est *le meilleur des gouvernements*. Cela est l'évidence même et ne peut faire l'objet d'aucun doute.

Les adversaires de la République eux-mêmes n'osent pas nier cette évidence. Ils se bornent à affirmer que si, en théorie, le Gouvernement républicain est excellent, dans la pratique il est détestable. Ils prétendent de plus que ce gouvernement ne pourra jamais s'implanter en France, parce qu'il est en contradiction avec les mœurs et les habitudes de la nation.

Nous allons examiner aussi consciencieusement que possible la valeur de ces deux arguments.

II

Le premier, d'abord :

Ce qu'on reproche surtout à la République, au point de vue de ses résultats pratiques, c'est de n'être point un gouvernement stable. On la déclare incapable d'assurer l'ordre, condition première et essentielle de tout gouvernement durable. On la représente comme devant toujours fatalement engendrer les divisions, les agitations, les émeutes et la guerre civile. Sous ce régime, prétend-on, la société ne peut plus avoir ni repos, ni sécurité ; elle est à la merci des agitateurs de tout ordre et de toute nuance, qui la menacent sans cesse dans ses intérêts les plus chers et les plus sacrés. Incessamment inquiétée et troublée, tantôt par les agitations électorales, tantôt par les excitations de la presse, de la tribune et de la rue, semblable à un navire en détresse ballotté par les vents au milieu de la tempête, elle est constamment en péril et n'est jamais sûre de son lendemain.

Tel est à peu près le tableau peu flatteur qu'on fait ordinairement, dans cet ordre d'idées, du gouvernement républicain.

Nous pourrions, d'un seul mot, répondre victorieusement à cette argumentation, en citant l'exemple de la grande République des Etats-Unis d'Amérique, où à côté d'une liberté très grande, règne l'ordre le plus absolu, où jamais (si l'on excepte la guerre de sécession, due à des circonstances particulières fort graves et tout-à-fait indépendantes de la politique), on n'a vu se produire ni une sédition, ni une émeute, ni une attaque quelconque contre le gouvernement établi.

Mais nous voulons faire plus. Nous tenons à démontrer par le raisonnement que l'ordre n'est pas plus difficile à maintenir dans une république que dans une monarchie. Nous prétendons même établir que, dans la situation où se trouve actuellement la France, la République seule peut nous assurer le maintien de l'ordre d'une manière durable, et nous mettre définitivement à l'abri des révolutions.

Et d'abord, sur quoi s'appuient les critiques que nous venons de rapporter ?

Elles s'appuient uniquement, exclusivement, sur les faits malheureux qui ont accompagné nos deux premiers essais de république en France. Leurs auteurs évoquent sans cesse comme de terribles fantômes les excès sanguinaires de la première République et les émeutes socialistes de la seconde, et ils identifient ces déplorables événements avec la République elle-même, en les présentant comme le corollaire indispensable de cette forme de gouvernement.

A ne considérer que la superficie des choses, ces souvenirs semblent en effet écrasants pour la République, et c'est ce qui explique combien sont encore répandues à l'heure qu'il est les préventions défavorables contre cette sorte de gouvernement. Mais si l'on prend la peine d'entrer dans le fond du sujet et d'étudier minutieusement la marche des événements, on reconnaît bien vite que les principes républicains ne sont nullement en cause, et qu'ils ne peuvent recevoir aucune atteinte des excès à jamais regrettables commis aux époques contemporaines de nos deux premières républiques.

Quelques explications vont suffire à le démontrer.

III

Rappelons d'abord cette simple vérité que tout le

monde connaît, mais dont on omet trop généralement de faire l'application au cas qui nous occupe : — *Tout enfantement est douloureux*. — Or, le passage de la Monarchie à la République est un véritable enfantement. Quoi d'étonnant dès lors qu'il ait eu, lui aussi, ses difficultés et ses douleurs ?

La période la plus terrible de cet enfantement est la première, celle qui a précédé et suivi la proclamation de la République en 1792. A cette époque, il s'agissait de transformer de fond en comble la société française, de la reconstituer sur des bases entièrement nouvelles. Des priviléges et des abus sans nombre existaient au profit de certaines classes. Il fallait les abolir. L'égalité civile et politique n'existait pas. Il fallait la fonder. Le tiers-état, c'est-à-dire le peuple, était privé de tous les droits et supportait toutes les charges. Il fallait lui restituer ses droits et diminuer ses charges, en appelant les autres classes à en supporter le poids avec lui. Tout cela ne pouvait se faire (étant données les faiblesses et les imperfections humaines) sans susciter des froissements, des déchirements et des crises. Si d'un côté les réformateurs furent exagérés et trop impatients dans leurs revendications, les privilégiés, de leur côté, apportèrent une obstination regrettable dans la défense de leurs priviléges. Ils ne craignirent pas, pour essayer de les conserver, de chercher un appui au dehors et de diriger contre leur pays les armes de l'étranger. Une explosion d'indignation s'ensuivit. La crainte de voir la Patrie opprimée et la perspective d'un nouvel asservissement portèrent à son comble, dans le peuple et chez ses défenseurs, l'exaltation des esprits ; la fureur populaire ne connut bientôt plus de bornes, et de degré en degré on en arriva à commettre, sous prétexte de légitime défense ou à titre de représailles, les excès les plus épouvantables. — Ainsi s'expliquent, en fait, les phases tourmentées et les péripéties sanglantes de la période dont nous parlons.

Nous disons que cela s'explique en fait. Nous n'allons pas jusqu'à dire que cela se justifie en droit. Tout en tenant compte des fautes énormes de la réaction à cette époque, et tout en blâmant sa résistance égoïste et opiniâtre à l'établissement d'un nouvel ordre de choses qui réduit à ses vraies proportions ne devait être, en définitive, que la substitution du règne du droit au règne de la force, du règne de la justice au règne de l'iniquité, nous ne pouvons approuver les moyens violents et barbares auxquels on a cru alors devoir recourir pour avoir raison des partis hostiles, et nous regrettons amèrement que de semblables excès aient été commis par des hommes appartenant ou paraissant appartenir au parti de la République.

Mais qu'on ne s'y méprenne pas. Si les actes odieux que nous regrettons ont été commis par des hommes prétendant, à tort ou à raison, agir dans l'intérêt de la République, il ne s'ensuit nullement que ces actes constituent, à aucun titre, la pratique du gouvernement républicain. Ils en sont au contraire la négation la plus absolue.

Qu'est-ce, en effet, que la République ?

C'est, nous l'avons dit déjà, le gouvernement de la nation par elle-même. C'est avant tout un gouvernement régulier, ayant pour base essentielle et invariable le respect des lois, la soumission la plus entière aux volontés de la nation légalement exprimées par l'organe de ses représentants. C'est un gouvernement qui ne règne que par l'examen, la libre discussion, la persuasion, et finalement le scrutin. Un tel gouvernement doit nécessairement être l'ennemi absolu de la contrainte et de la violence.

Donc, quand les Danton, les Marat et les Robespierre organisaient la terreur pour essayer de faire prévaloir leurs systèmes, ils faisaient *de la tyrannie*, ils faisaient *du despotisme*, ils faisaient, si l'on veut, *de la révolution*, mais à coup sûr, ils ne faisaient pas *de la république*.

Donc, encore, la République est parfaitement innocente de leurs violences et de leurs crimes, et c'est tout-à-fait à tort que depuis trois quarts de siècle on professe en France cette absurde croyance que la République ne fleurit que dans le désordre et dans le sang, et que son retour parmi nous serait fatalement le signal de nouveaux excès et de nouveaux massacres.

IV

Après avoir lu ce qui précède, un adversaire de la forme républicaine pourra nous dire : — Soit, vous avez démontré que les massacres de la terreur ne doivent pas être attribués à la République, qu'ils sont même contraires aux principes de cette sorte de gouvernement. Mais après la période des massacres, une autre a suivi, de 1795 à 1799, pendant laquelle la République a continué d'être le gouvernement de la

France. Durant cette période, le mode révolutionnaire a été abandonné et remplacé par un système plus modéré et plus légal. La guillotine a cessé de fonctionner. La République est devenue un gouvernement régulier. Et cependant l'ordre n'a jamais été rétabli, les divisions et les luttes intestines n'ont jamais cessé de régner, l'anarchie intérieure a pris des proportions effrayantes, et les choses en sont venues à ce point que la nation, épuisée, n'a plus eu d'autre ressource que de se débarrasser de la République et de se jeter dans les bras d'un sauveur, lequel sauveur fut Napoléon Ier. — Donc, ajoutera l'adversaire en question, la cause est jugée. La République a fonctionné comme gouvernement régulier, et elle n'a donné que des résultats désastreux. Il faut en conclure qu'elle n'est pas un bon gouvernement.

A ce raisonnement qui, à première vue, peut paraître décisif, mais qui, en réalité, n'est que spécieux, voici notre réponse :

Nous rappelons d'abord que la République, nous entendons la vraie République, la République régulière, était encore alors à ses débuts. Tout ce qui avait été fait jusque-là, nous l'avons démontré, n'était qu'un acheminement vers la République. Il fallait trouver la véritable manière d'organiser le gouvernement républicain. On chercha, on hésita, on tâtonna, et comme il arrive presque toujours quand on traite pratiquement pour la première fois une question aussi complexe et d'aussi capitale importance, on ne trouva point. On créa avec des éléments hétérogènes deux Chambres qui n'étaient reliées entr'elles par aucun lien durable, et on plaça au-dessus d'elles un directoire composé de cinq membres, espèce de gouvernement *à cinq têtes*. On arriva ainsi à mettre partout la division où il fallait l'union, la diversité où il fallait l'unité, le désordre où l'ordre était impérieusement nécessaire. Avec un ensemble aussi disparate, les conflits et les querelles ne tardèrent pas à se produire au sein même du gouvernement. L'autorité perdit bientôt tout prestige, et le gouvernement, ainsi discrédité, finit par n'être plus que fort mal obéi.

D'un autre côté, les difficultés intérieures, ne l'oublions pas, n'avaient nullement disparu. La réaction, d'une part, n'avait pas désarmé et ne demandait qu'une occasion pour relever la tête, et d'autre part, le parti violent faisait tous ses efforts pour renverser le gouvernement et prendre sa place.

Pour comble de malheur, enfin, le gouvernement, au milieu de ces graves circonstances, perdit la tête et recourut à son tour, dans une certaine mesure, aux répressions arbitraires et aux coups d'autorité. Il ne massacra plus, mais il fit revivre les proscriptions et les emprisonnements par voie de simple décret, et il alla jusqu'à annuler de vive force les mandats des députés qui lui étaient hostiles.

On retombait insensiblement, on le voit, sur la pente du gouvernement irrégulier et illégal. Dans de pareilles conditions, le gouvernement ne pouvait que se dépopulariser et s'affaiblir de plus en plus. Il en fut ainsi en effet, et il arriva un jour qu'un soldat puissant et ambitieux, profitant de sa faiblesse, dirigea contre lui les forces de la nation et le renversa.

Voilà bien, à notre sens, le résumé exact de ce qui s'est passé pendant la période relativement calme à laquelle il est fait allusion, c'est-à-dire depuis la fin de la tourmente révolutionnaire jusqu'au coup d'Etat du 18 brumaire an VIII.

Mais tout cela, cette fois encore, *ce n'était pas vraiment la République.* — Ce n'en était que l'apparence. — Le système auquel, après bien des tâtonnements, et sans données pratiques suffisantes, on s'était arrêté pour créer une administration républicaine, était mauvais. L'organisation générale était absolument défectueuse. C'est ce vice d'organisation surtout, et presqu'exclusivement, qui a compromis sérieusement la forme républicaine, et permis à un ambitieux de la renverser. Il n'y a donc, contrairement aux conclusions de l'argumentation qui précède, absolument aucune induction à tirer de ces faits contre la pratique du gouvernement républicain.

A tout prendre, d'ailleurs, et les choses se fussent-elles même passées autrement, faudrait-il, par cela seul qu'un premier essai, fait au milieu de difficultés inouïes, et entravé par des adversaires puissants et acharnés, n'a pas réussi, décider irrévocablement que la chose ne vaut rien ? — Aucune personne sensée ne sera certainement de cet avis.

En terminant ces considérations sur les événements de la première République, il nous reste un devoir de conscience à remplir. — Pour la défense de la thèse que nous venons de soutenir, nous avons dû critiquer avec sévérité les excès de cette époque. Cela ne nous empêche pas, et nous tenons à le dire, de reconnaître que cette même époque, généralement connue sous le nom de *Révolution française*, a enfanté de très grandes choses, que c'est à elle que nous devons les principes, les améliorations et les réformes admirables qui depuis ont servi de base à la société française régénérée, et qu'à ce titre la France, tout en regrettant ses fautes, lui devra pour le bien qu'elle a fait une immense et éternelle reconnaissance.

V

Arrivons à la seconde période républicaine, celle qui a commencé le 24 février 1848, après le renversement du roi Louis-Philippe.

Ce qu'on reproche à la République de cette époque, ce n'est pas d'avoir renouvelé la tyrannie violente et sanguinaire de 1793. Elle est restée pure de tout excès de ce genre. Mais ce qu'on lui reproche, c'est l'anarchie et le désordre de ses débuts ; c'est surtout la terrible insurrection du mois de juin 1848.

En fait, il faut bien le reconnaître, ces reproches sont fondés. Mais les faits auxquels ils s'appliquent doivent-ils être mis à la charge de la République, en tant que forme de gouvernement? C'est ce que nous allons rechercher.

Toute révolution qui tend à changer les bases essentielles et fondamentales d'un gouvernement entraîne nécessairement après elle, nous l'avons dit déjà, un état de crise et de désorganisation momentané. C'est l'état dans lequel se trouvait la France au lendemain de la Révolution de 1848. La nation, qui ne s'attendait pas à ce changement, fut surprise, et, il faut le dire, en partie terrifiée. Beaucoup de gens songèrent involontairement aux excès de la première République et craignirent de les voir se renouveler. Le nouveau gouvernement provisoirement installé à la place de l'ancien, n'étant pas un gouvernement régulier, n'eut qu'une autorité contestée. Les administrations se désorganisèrent, un relâchement général s'ensuivit, et une licence dangereuse remplaça la véritable liberté. Devant une telle situation, la confiance disparut, les affaires s'arrêtèrent, les ouvriers restèrent sans ouvrage, et la misère, avec son hideux cortége de passions mauvaises et d'excitations haineuses, fit son apparition parmi eux.

C'est dans les grandes villes surtout, où les classes ouvrières ne vivent que par l'industrie, que ces sortes de crises sévissent avec le plus d'intensité. A Paris, 300,000 ouvriers privés d'ouvrage devinrent un foyer permanent d'agitations, dans lequel les fauteurs d'insurrection pouvaient sans peine recruter de nombreux adhérents.

En même temps les passions politiques, surexcitées par les événements, enflammaient tous les esprits. On avait renversé : il fallait réédifier. Sur ce chapitre le champ était vaste, chacun avait son plan, et comme il arrive presque toujours en pareil cas, beaucoup dépassaient le but en demandant des réformes impossibles, tandis que d'autres, en très-grand nombre aussi, voulaient retourner en arrière et faisaient de la réaction.

Dans le sens de l'exagération, un parti se forma qui prétendait non-seulement changer la forme politique, mais encore réformer l'organisation sociale tout entière. Les doctrines de ce parti, sous une apparence séduisante, n'étaient au fond que des utopies destructives de tout ordre social. Elles n'étaient par suite susceptibles d'aucune application et furent unanimement repoussées par tous les gens sérieux et honnêtes. Mais elles n'en eurent pas moins le don d'entraîner pour un moment les masses qui, incapables de raisonnement, ne virent que les magnifiques promesses qu'elles contenaient.

Au milieu de ces complications, les hommes politiques d'alors, malgré des talents très réels et un bon vouloir incontestable, ne furent pas toujours heureux dans l'adoption de leurs mesures. Nous sommes loin de leur en faire un crime, car nous savons que les difficultés étaient inouïes et que les erreurs étaient faciles, mais enfin des fautes furent commises, et la situation en fut aggravée. Ce furent des fautes notamment que la garantie du droit au travail ; la création, au début de la crise, des ateliers nationaux, véritable armée toute préparée pour le désordre ; et plus tard, leur dissolution inopportune. Ce fut une faute encore, commise celle-là par l'assemblée constituante, que la création d'une commission exécutive de *cinq membres*, fatale réminiscence du directoire de la première République.

Ajoutons enfin, pour compléter ce rapide tableau, qu'au lendemain de la révolution de février, Paris n'avait plus d'armée, et que cette absence complète d'une force protectrice des pouvoirs nouveaux contribua beaucoup à encourager les factieux, et à faciliter l'exécution de leurs projets.

Des explications qui précèdent, il ressort que des difficultés nombreuses et considérables, causes des désordres et des faits insurrectionnels signalés, ont accompagné les débuts de la République de 1848, mais il en ressort aussi, sans aucun doute possible, que ces difficultés étaient la conséquence du travail de transformation qui réalisa le passage de la Monarchie à la République, non de la République elle-même.

Donc, cette fois encore, la République, en tant que forme de gouvernement, est hors de cause. Ce n'est point parce qu'on était en République que des troubles ont eu lieu. C'est parce qu'on était aux prises avec des difficultés et des dangers occasionnés par la transition de la Monarchie à la République, difficultés et dangers inséparables de toute transition de cette nature.

Nous avons du reste à fournir de la vérité de cette assertion une preuve irrécusable : c'est qu'à partir du moment où la République fut complètement et définitivement organisée, les agitations et les troubles cessèrent, et qu'on ne les vit jamais se renouveler.

Et voyez jusqu'à quel point la République prouva alors sa vitalité !

Tout le monde sait que la majorité de l'assemblée législative élue en mai 1849 n'était rien moins que républicaine.

Tout le monde sait également, et le Coup-d'Etat du

2 décembre 1851 l'a assez prouvé, que le Président de la République, de son côté, n'a jamais eu une passion bien vive pour la République.

De mai 1849 à décembre 1851, la République s'est donc trouvée gouvernée par des traîtres, c'est-à-dire par des gens qui ne rêvaient que sa ruine. D'une part les partis royalistes, au sein de l'assemblée, travaillèrent ouvertement en vue d'une restauration royale. D'autre part le Président, bien qu'ayant à plusieurs reprises, et notamment lors de son installation, juré solennellement de veiller au salut de la République, ne s'occupa jamais qu'à préparer la restauration de l'Empire. Tous ses actes furent conçus dans cet esprit, et il est à remarquer qu'il ne nomma, en général, aux fonctions politiques de la République, que des hommes bien connus pour être partisans de la Monarchie.

Malgré tant de causes de désorganisation, la République parvint néanmoins à donner au pays une situation prospère, et elle resta debout, sans agitation et sans trouble, jusqu'au jour où celui qui était spécialement chargé de la protéger l'assassina traîtreusement.

N'y a-t-il pas là une démonstration saisissante, irréfutable, de la vitalité de la République?

VI

Au point de vue de l'administration intérieure, deux sortes de dangers effraient généralement les gens peu enclins à adopter la forme républicaine : — la liberté *illimitée* de la presse et du droit de réunion, — et la fréquence des élections.

Le premier de ces dangers est purement imaginaire, car la République ne comporte pas nécessairement la liberté illimitée que l'on redoute. Sans doute, en sa qualité de gouvernement de droit et de progrès, elle devra sur ces matières, comme en toute autre chose, se montrer favorable à l'extension des libertés publiques, mais là pas plus qu'ailleurs elle ne peut admettre de liberté *illimitée*. Cette sorte de liberté n'existe qu'à l'état sauvage, où l'individu peut tout faire, même le mal, sans avoir à redouter d'autre châtiment que les représailles de celui ou de ceux auxquels il a causé un préjudice. Dans une société civilisée, la liberté de chacun n'est un bien qu'autant que, dans ses effets, elle ne nuit pas aux droits d'autrui. Au-delà de cette limite, elle devient un mal, une injustice, et à ce titre elle doit être empêchée. La République qui, comme gouvernement, est au plus haut degré l'expression de la vraie civilisation, ne saurait sans déchoir méconnaître ce principe. — Elle assignera donc des limites à la liberté de la presse et du droit de réunion. Cela n'est pas douteux. — Ce qu'il faut seulement reconnaître, et à cet égard elle mérite l'éloge et non le blâme, c'est qu'à la différence des gouvernements monarchiques, qui, afin de mieux assurer leur domination, sont naturellement portés à restreindre les libertés de toute nature, elle sera, elle, animée d'un esprit tout différent et ne s'arrêtera, dans l'extension à donner aux libertés publiques en général et à la liberté de la presse et du droit de réunion en particulier, que là où il y aurait danger réel pour le corps social à la conservation duquel elle a le devoir de veiller.

Pour ce qui est de l'inconvénient attribué à la fréquence des élections, nous ne le nions pas absolument, mais nous affirmons, et nous allons le démontrer, qu'on s'en exagère considérablement l'importance, et qu'il n'a pas du tout la gravité qu'on lui prête.

On semble croire généralement qu'à chaque période électorale le pays sera en proie à de dangereuses agitations, que les affaires seront suspendues pendant un temps plus ou moins long, que la perspective de ces temps d'arrêt périodiques ne permettra pas à la confiance de s'établir, et que par suite le pays n'aura jamais, sous ce régime, ni sécurité, ni prospérité.

Rien de semblable n'est à redouter. Sans doute à l'époque des élections le pays sera pendant quelque temps sous l'empire des préoccupations politiques, et les affaires pourront momentanément subir quelque ralentissement ; mais comme les élections auront pour objet un simple changement dans les personnes, et non dans la forme du gouvernement, qui ne sera pas en cause et ne pourra, au moins quant à ses bases essentielles, jamais être changée, l'effet produit sera sans gravité aucune et durera peu. Nous avions déjà des élections sous la Monarchie. Nous avons pu constater qu'elles ne sont nullement incompatibles avec le maintien de la prospérité publique. Pourquoi donc en serait-il autrement sous la République ?

On objectera sans doute que sous la Monarchie l'élection s'appliquait seulement à l'Assemblée législative, tandis que sous la République elle doit s'appliquer en outre au chef du pouvoir exécutif. — Nous avons répondu d'avance à cette objection en faisant remarquer que l'élection républicaine laisse intact le principe même du gouvernement, la seule chose qui ne puisse être changée sans que la nation entière en éprouve une secousse plus ou moins violente. Le Président de la République ne sera jamais, qu'on le comprenne bien, que le premier serviteur de la République. Sa mission consistera uniquement à administrer selon les règles tracées par la Constitution et à assurer l'exécution des lois. Les prérogatives de la fonction étant ainsi limitées, la question du changement de personne n'a plus qu'une importance secondaire, et ce n'est pas ce simple changement qui pourra jamais troubler le pays. La réflexion seule suffirait pour nous rassurer à cet égard, mais nous sommes d'autant plus fortifiés dans notre opinion, que l'expérience a déjà parlé et s'est tout-à-fait prononcée dans le sens que nous indiquons. Depuis plus de 80 ans que les Etats-Unis d'Amérique sont organisés en République, bien des changements de présidents ont eu lieu dans ce pays. L'ordre le plus parfait, ainsi que nous avons eu déjà l'occasion de le faire remarquer, n'a pourtant jamais cessé d'y régner ; jamais les affaires n'y ont été entravées par les élections ; le bien-être et la prospérité y ont au contraire constamment progressé, et dans des proportions telles, qu'au point de vue de la prospérité intérieure, la République américaine est aujourd'hui *la première nation du globe.*

Pures chimères donc que les craintes manifestées au sujet de la fréquence des élections ! — Cela n'a rien de sérieux et ne peut nullement entrer en balance avec les immenses avantages attachés à l'adoption de la forme républicaine.

VII

Voyons maintenant ce que vaut le second argument prêté par nous aux adversaires de la République. Il consiste, avons-nous dit, à soutenir que la République ne pourra jamais s'implanter en France, parce qu'elle est en contradiction avec les mœurs et les habitudes de la nation.

Nous ne faisons nulle difficulté de reconnaître qu'en effet les mœurs de la nation ne sont pas républicaines. — Mais c'est précisément pour que la nation puisse adopter ces mœurs que nous demandons la République. La Monarchie ne les préconise pas. Elle n'a pas d'intérêt à le faire.

Nous reconnaissons également que la nation n'est pas habituée à la République. — Où aurait-elle pu prendre cette habitude puisqu'elle a toujours, jusqu'ici, vécu en monarchie ?

Nous sommes donc d'accord avec nos contradicteurs sur ces deux points : — Les mœurs de la nation ne sont pas républicaines. — La nation n'est pas habituée à la République.

Mais quelles conséquences faut-il en tirer ? — C'est là que nous différons.

Nos contradicteurs concluent ainsi : — La France n'ayant ni les mœurs, ni les habitudes de la République, ne peut être et n'est pas républicaine. Elle ne pourra, par suite, jamais vivre en République.

A ce compte-là il faudrait décider *qu'aucune* nation monarchique ne pourra jamais, *faute d'habitude*, adopter la forme républicaine.

C'est à peu près comme si l'on disait :

Jamais un pays qui n'a que de mauvais chemins ne pourra supporter qu'on lui en fasse de meilleurs. *Il n'y est pas habitué.*

Ou bien :

Jamais les gens qui n'ont voyagé que sur des chemins ou routes ordinaires ne pourront voyager en chemin de fer. *Ils n'y sont pas habitués.*

Mais ne voyez-vous pas que prêcher une pareille doctrine, c'est élever un piédestal à la routine et enrayer à tout jamais la civilisation et le progrès ? — Quoi ! Par cela seul qu'un peuple a jusqu'ici vécu en Monarchie, il ne pourra jamais s'organiser en République !

Si on avait raisonné ainsi dans le domaine des sciences et de l'industrie, nous n'aurions encore ni l'imprimerie, ni la vapeur, ni les chemins de fer, ni l'application de l'électricité aux télégraphes, ni aucune des grandes inventions qui ont tant contribué à accélérer la marche progressive et civilisatrice de l'humanité !

VIII

Ce que nous venons de dire ne nous empêche pas de reconnaître qu'il est en France une foule de gens qui restent inféodés à la Monarchie et ne veulent pas entendre parler de la République, sans autre raison que la force de l'habitude. Ces monarchistes-là pullulent parmi les masses ignorantes, en province et surtout dans les campagnes. Ils n'ont aucune idée de ce qu'est la République, ni des avantages qu'elle comporte. Ce qu'ils savent seulement à ce sujet, c'est que dans une république il n'y a *ni roi, ni empereur*. Cela suffit pour qu'ils ne veuillent pas d'un tel gouvernement. Ils ont toujours vu un maître, roi ou empereur, à la tête du pays. Il ne leur semble pas possible qu'on s'en passe. N'avoir ni roi ni empereur, c'est pour eux l'abomination de la désolation. C'est quelque chose d'insolite, d'anormal, qu'ils ne peuvent comprendre. Cela leur fait l'effet d'un corps sans tête, d'une église sans clocher, d'un monde sans soleil ! — Ils ne s'étonnent plus après cela que nos premiers essais de République aient engendré des malheurs, et ils sont convaincus que la République, c'est-à-dire un gouvernement où il n'y a *ni roi, ni empereur*, ne pourra jamais exister sans que les mêmes malheurs se reproduisent. Leur conviction est telle à cet égard qu'elle se traduit par un sentiment d'effroi. — *Ils ont peur de la République*.

Mais en somme il ne s'agit là, on le voit, que d'un

sentiment purement instinctif, n'ayant d'autre raison d'être que la profonde ignorance de ceux qui le professent. Des aberrations de ce genre ne constitueront jamais une opinion sérieuse, sur laquelle on puisse baser un système de gouvernement.

Ces explications données, nous concluons à notre tour, et nous disons :

Oui, il est très vrai, en fait, que grâce à la force de l'habitude et au défaut de raisonnement, la Monarchie a conservé jusqu'ici parmi les masses ignorantes des adhérents en nombre considérable ; mais l'appui que fournissent de pareilles adhésions est chose bien fragile, un peu plus d'instruction chez les gens du peuple suffirait à le faire disparaître, et une restauration dynastique qui ne reposerait que sur des éléments de cette sorte ressemblerait à une maison bâtie sur le sable. *Elle s'écroulerait au premier souffle!*

CHAPITRE II

La Souveraineté nationale n'existe qu'avec la République.

I

Du grand mouvement de régénération qui s'est opéré dans la nation française en 1789, et qui depuis s'est affirmé et continué, malgré les échecs partiels et momentanés que les trop fidèles admirateurs du passé lui ont parfois fait subir, il est sorti un principe qui désormais est définitivement enraciné parmi nous, et qui vivra autant que la nation française elle-même. C'est le principe de la *souveraineté nationale*. — Le droit divin, qui était la règle des anciens temps, représentait les rois comme des êtres supérieurs, choisis par Dieu lui-même pour gouverner les hommes. Dans ce système, les peuples appartenaient aux rois, ils étaient leur chose, leur propriété, et comme conséquence, ils étaient forcés d'accepter leur domination sans avoir le droit de les choisir. — Ce système a fait son temps. — A sa place s'est élevé cet autre système infiniment supérieur qui déclare que les citoyens n'ont point de maître, qu'ils ne sont la propriété de personne, que la nation entière est seule souveraine, et que les hommes chargés de la gouverner ne doivent être que ses délégués, ses mandataires, les délégués et les mandataires de son choix.

Ce principe a été reconnu et proclamé dans ces derniers temps par la Monarchie elle-même, et par une erreur d'appréciation assez singulière, on a prétendu, et la croyance s'est presque généralement établie, que la souveraineté nationale pouvait exister même sous la Monarchie. Tout le monde sait que l'ex-empereur Napoléon III avait cette prétention de gouverner au nom de la souveraineté nationale, d'en être la personnification, le symbole en quelque sorte, et de résumer ainsi dans sa personne et dans celle de ses descendants, pour le présent, pour l'avenir, et à toujours, la volonté de la nation tout entière.

Nous prétendons, nous, et nous espérons le démontrer avec succès, que la Monarchie est *incompatible* avec le principe de la souveraineté nationale. Et c'est là surtout, disons-le dès à présent, ce qui fait qu'aucune *dynastie* ne se *fondera* plus jamais en France, et que si pour le malheur du pays des monarchies venaient encore à y être essayées, ces monarchies n'auraient toutes qu'une existence éphémère.

II

La souveraineté nationale, avons-nous dit, c'est la nation se gouvernant par elle-même. La conséquence directe et absolue de ce principe, ce serait que les citoyens fissent eux-mêmes leurs lois et en surveillassent eux-mêmes l'exécution. Mais cela est radicalement impossible. La plus simple réflexion suffit à le faire comprendre. Il a donc fallu chercher une combinaison qui, tout en respectant le principe, eût l'avantage d'être pratique : Cette combinaison, *c'est la délégation*. La masse entière de la nation choisit pour ses délégués, au moyen de l'élection, les citoyens qui lui paraissent les plus capables et les plus dignes, et elle leur confère le pouvoir de légiférer et d'administrer en son nom. La pratique se concilie ainsi avec la théorie, et la nation se gouverne elle-même par l'entremise de ses mandataires.

Mais remarquons-le bien vite. Pour que cette combinaison ne vicie pas le principe, il faut que la délégation soit *essentiellement temporaire*. Il faut que la nation domine toujours ses délégués, et que de temps à autre elle puisse, au moyen de nouvelles élections, soit continuer sa confiance à ses premiers élus si elle trouve qu'ils l'ont justifiée, soit la leur retirer et l'accorder à d'autres si elle n'est point satisfaite de leurs actes. Il faut en un mot que la délégation reste *une délégation* et ne devienne point *une abdication*.

Cette condition existe-t-elle sous la Monarchie ? En aucune façon, puisque l'attribut essentiel de la Monarchie, c'est la conservation et la transmission à perpétuité, dans la même famille, de la puissance souveraine. Si la puissance souveraine appartient à tout jamais à une famille royale ou impériale quelconque, cette puissance évidemment n'appartient plus à la nation. La nation alors n'est plus souveraine.

Mais, dira-t-on, s'il s'agit d'une monarchie *élue*, à laquelle la nation, maîtresse de sa volonté, a jugé à propos de transmettre pour toujours la souveraineté dont elle était investie, est-ce que cette monarchie, émanation directe de la souveraineté nationale, n'en sera pas la représentation légitime ? Ne pourra-t-on pas dire alors que la souveraineté nationale existe toujours, et que l'exercice seulement en est confié à la monarchie que la nation a choisie ?

C'est grâce à ce raisonnement subtil qu'on est parvenu à donner le change, à faire prendre l'apparence pour la réalité. Mais allons au fond.

Dans l'hypothèse qui vient d'être indiquée d'une monarchie élue, nous reconnaissons que la nation est véritablement souveraine au moment où elle se donne un roi. Nous admettons même si l'on veut qu'en votant pour la Monarchie, elle fait acte de souveraineté.

Mais faut-il aller plus loin et admettre qu'après avoir transmis sa souveraineté à la Monarchie, la nation, par une sorte de fiction inexplicable, reste encore souveraine ? — Non, cela n'est pas possible.

Quand un monarque, roi ou empereur, abdique au profit d'un des siens, il est bien souverain aussi au moment de son abdication, et même en abdiquant il fait acte de souveraineté. Mais dès qu'il a abdiqué il n'est plus souverain. Le souverain nouveau est celui au profit duquel l'abdication a été faite.

L'analogie est évidente, incontestable, entre ce cas et celui de la nation qui se choisit un roi, et le résultat est tout-à-fait identique. Par ce choix, la nation *aliène* à tout jamais sa souveraineté. Elle *s'en dépouille* pour en investir le candidat ou le prétendant qu'elle a choisi. Ce n'est pas là une simple *délégation*. C'est une *abdication*. C'est l'anéantissement complet, absolu, de la souveraineté nationale.

Ce n'est pas tout. Nous avons admis que la nation, en se donnant un roi, fait acte de souveraineté. Les partisans de la Monarchie pourront s'emparer de cette déclaration et essayer d'en tirer parti, Donc, diront-ils, il faut s'incliner. Que la souveraineté nationale subsiste après ou qu'elle ne subsiste pas, cela importe peu. La nation souveraine a parlé. Elle a manifesté sa volonté. Elle doit être obéie.

Là encore il y a erreur.

Oui, sans doute, la nation, ou plutôt la majorité de la nation (car on ne peut évidemment compter sur un vote unanime), devrait être obéie, si sa volonté ne portait que sur un choix momentané, temporaire, si, en un mot, elle ne consacrait qu'une simple *délégation*. La minorité dans ce cas devrait certainement se soumettre à la décision de la majorité. Il ne peut y avoir de gouvernement régulier qu'à cette condition.

Mais il s'agit, ne l'oublions pas, d'une *abdication*, on pourrait dire d'un *suicide*. Or, cette abdication, ou ce suicide, atteint la nation tout entière, la minorité aussi bien que la majorité, et vous ne pouvez obliger la minorité à abdiquer, à se suicider malgré elle. — Là est le danger. — Là est le défaut de la cuirasse. — Il y a là, pour un pays pénétré comme le nôtre de l'esprit de discussion et où le principe de la souveraineté nationale, ainsi que nous l'avons dit, est à jamais enraciné, un germe de révolution qui frappera nécessairement toute monarchie naissante, et qui la vouera fatalement à une destruction plus ou moins prochaine.

Le raisonnement que nous venons de faire acquerra une plus grande force encore si nous songeons, non pas seulement aux électeurs actuels, mais aussi aux électeurs à venir. Les majorités, on le sait, ne sont pas immuables. Elles se transforment, soit sous l'influence des changements d'opinion que l'étude et l'expérience peuvent amener chez certains électeurs, soit par suite de l'adjonction des électeurs nouveaux, qui viennent successivement et perpétuellement remplacer les électeurs anciens disparus de la scène sociale. Elles peuvent se modifier aussi, en ce qui concerne le choix des personnes, si les électeurs sont mécontents des actes du candidat élu.

Tout cela étant admis, — et nous ne pensons pas que ce soit réfutable, — est-il possible de reconnaître aux électeurs actuels le droit d'engager les électeurs à venir, de leur imposer une renonciation et un choix qu'ils n'auront point consentis, sur lesquels ils n'auront même jamais été appelés à se prononcer? — Les électeurs actuels peuvent-ils, d'un autre côté, se lier eux-mêmes irrévocablement pour l'avenir, au point de ne pouvoir jamais, même s'ils sont mécontents des conséquences de leur choix, revenir sur leur première décision ?

Poser de semblables questions, c'est les résoudre. — Non! les électeurs actuels n'ont pas ces droits. Les leur attribuer, ce serait commettre vis-à-vis des corps électoraux futurs une véritable usurpation. Ce serait, à ce point de vue encore, préparer de nouveaux ferments de discordes pour l'avenir.

III

Nous nous attendons ici à ce qu'on nous oppose un dernier argument. Il existe, nous dira-t-on, une sorte de monarchie très libérale, qui a pour principe fondamental que le roi *règne* et *ne gouverne pas*. C'est la Monarchie constitutionnelle. Dans cette monarchie, le roi n'est vraiment que le serviteur de la nation, que l'exécuteur de ses ordres, lesquels ordres lui sont transmis par une assemblée *élue, à mandat temporaire,* représentant toujours aussi exactement que possible l'opinion du pays. Une telle monarchie ne doit pas être incompatible avec la souveraineté nationale.

Nous arrêtons, dès le début, les prôneurs de cet argument, et nous leur disons : — Si le roi n'est que le *serviteur* de la nation, il faut que la nation ait le droit de contrôler ses actes, de s'assurer s'il exécute fidèlement les ordres qui lui sont donnés, et au cas de non-exécution ou d'exécution incomplète, *de procéder à son remplacement*. Que dirait-on d'un maître de maison qui, en prenant un domestique à son service, lui garantirait, à lui et à ses descendants, la conservation de sa place *à perpétuité ?*

Or, le roi qu'on nous propose, tout constitutionnel qu'il soit, aurait précisément cette garantie de perpétuité. Sa royauté serait, comme toutes les autres, conférée à vie et héréditaire, c'est-à-dire transmissible à perpétuité et par ordre de primogéniture à sa descendance directe, de mâle en mâle. Dans de telles conditions, que devient donc la prétendue souveraineté de la nation ? Où est la sanction de cette souveraineté ? Où est le contrôle ? — Non, un tel roi n'est point un simple serviteur. *C'est un maître.*

Est-ce à dire néanmoins que la monarchie constitutionnelle ne soit pas supérieure à la monarchie absolue, et qu'elle ne constitue pas par rapport à celle-ci un véritable progrès ?

Non, assurément. Nier cette supériorité et ce progrès, ce serait nier l'évidence, et tout citoyen intelligent forcé d'opter entre les deux monarchies choisira certainement la monarchie constitutionnelle. Mais la question aujourd'hui n'est plus ainsi posée en France, où l'on veut conserver *intact* le principe de la souveraineté nationale. La monarchie constitutionnelle *elle-même* y est impossible, parce qu'elle est *elle-même* incompatible avec ce principe.

CHAPITRE III

**Dangers d'une restauration monarchique.
La République seule peut assurer l'ordre et nous mettre
à l'abri des révolutions.
République ou décadence !**

I

Nous avons démontré par le raisonnement que la Monarchie, à supposer qu'on parvînt encore à la rétablir, ne pourrait plus avoir parmi nous qu'une existence précaire et tourmentée. Interrogeons maintenant l'histoire, et demandons aux faits eux-mêmes, sur ce sujet, les enseignements qu'ils contiennent.

Remontant à 80 ans en arrière, nous voyons en 1792 la vieille monarchie française, sapée dans sa base par l'esprit démocratique proclamé antérieurement par les philosophes, et qui commençait alors à se répandre parmi les masses, sombrer une première fois et faire place à la République.

Une monarchie nouvelle, décorée du nom d'empire, et ayant pour fondateur le plus grand génie militaire des temps modernes, s'élève en 1804 sur les ruines de la République. Cette monarchie semble à ses débuts, grâce à la capacité réelle de son chef et à l'auréole de gloire dont il est entouré, assise sur des fondements inébranlables et appelée à un long avenir. Elle périt néanmoins en 1814, après 10 ans de durée, renversée par une coalition de rois étrangers d'abord vaincus par elle et devenus vainqueurs à leur tour, et elle est remplacée par l'ancienne monarchie, restaurée en la personne du roi Louis XVIII.

La restauration de l'ancienne monarchie eut lieu en avril 1814. Moins d'un an après, le 20 mars 1815, Napoléon Ier, aidé tout à la fois par le prestige considérable dont son nom jouissait encore auprès de ses anciens soldats et par les fautes du nouveau monarque, revient de l'Ile d'Elbe et parvient à s'installer sans coup férir aux Tuileries, où il prend la place de Louis XVIII, qui s'était enfui à son approche.

L'empire est donc à son tour restauré. Mais son nouveau règne est bien court. Cent jours après, le 18 juin 1815, il disparaît de nouveau, et définitivement cette fois, dans l'immense désastre de Waterloo.

Louis XVIII réapparaît, et l'ancienne monarchie, celle qu'on appelle légitime, est une seconde fois restaurée.
Rentrée en possession de la souveraine puissance et débarrassée de ses ennemis, la monarchie légitime croit ses beaux jours définitivement revenus. Un horizon rempli des plus brillantes promesses paraît de nouveau s'ouvrir devant elle, et il semble que de longs siècles à venir lui soient encore assurés.

Louis XVIII meurt. Charles X lui succède.

Des difficultés intérieures ne tardent pas à se produire. La lutte entre l'esprit nouveau et l'esprit du passé se renouvelle, et en juillet 1830, après trois jours de combats sanglants qui firent des milliers de victimes, la monarchie légitime s'écroule de nouveau, violemment déracinée par le vent de la révolution.

La République paraissait devoir surgir de ce mouvement. Il n'en fut rien. On crut préférable de conserver le gouvernement monarchique et de changer seulement le monarque. On choisit pour roi nouveau le duc d'Orléans, chef de la branche cadette des Bourbons, qui fut élevé au trône sous le nom de Louis-Philippe Ier.

Le roi, en recevant la couronne, jura l'observation d'une charte nouvelle élaborée par la Chambre des députés, et contenant les réformes jugées utiles. Cette formalité fut considérée comme une garantie précieuse pour l'avenir. Le choix du nouveau monarque, d'ailleurs, paraissait heureux. Ses vertus privées, sa belle famille, ses antécédents libéraux, tout encourageait les espérances. On crut avoir mis la main, cette fois, sur la véritable monarchie qui convenait à la France, et on ne douta pas qu'un long et magnifique avenir ne lui fût réservé.

Vain espoir ! amères et décevantes illusions ! Après dix-huit années d'un règne souvent troublé par les émeutes, Louis-Philippe tombe, à son tour, le 24 février 1848, emporté par une révolution nouvelle.

La République, cette fois, sortit de la révolution.

Nous avons raconté comment cette seconde République, qui après quelques mois d'agitations douloureuses, conséquences fatales de la transition, était devenue un gouvernement régulier et paraissait définitivement fondée, fut, au milieu du calme le plus complet, supprimée violemment, par celui qui avait mission de la garder et de la protéger (1).

Le second empire lui succéda. L'influence du fait accompli, la crainte de nouveaux troubles, l'ignorance des masses et le prestige immense, quoique nullement raisonné, dont le nom de Napoléon jouissait encore parmi elles, tout cela valut au rétablissement de l'empire une adhésion en apparence formidable. 8,100,000 voix sur 10,000,000 d'électeurs inscrits se prononcèrent en sa faveur lors du vote du plébiscite proposé au pays à cette occasion.

Appuyé sur une pareille majorité, le second empire parut fondé sur le roc. — La nouvelle monarchie, se dit-on, est cette fois l'émanation directe, l'incarnation pour ainsi dire de la souveraineté nationale. Elle puisera dans les huit millions de suffrages qu'elle a obtenus une force morale que n'a jamais possédée aucune autre monarchie. Elle défiera toutes les attaques et ne pourra jamais être renversée.

Malgré tant de garanties apparentes, malgré ses

---

(1) Mentionnons ici, à titre de simple renseignement historique, que cette suppression violente de la République, réalisée par le coup d'État du 2 décembre 1851, coûta à la France 12,000 personnes tuées dans les combats à Paris et en province, 150,000 incarcérées, et 26,000 transportées en Algérie, à Cayenne et à Nouka-Hiva.

huit millions de suffrages, malgré un nouveau plébiscite du mois de mai 1870, dans le vote duquel, grâce à la pression administrative, à la duplicité de la question posée, et surtout à la peur des révolutions, elle en obtint encore plus de sept millions, la monarchie du second empire devait avoir le sort de ses aînées. — Privée comme elles de la robuste foi monarchique qui du temps de nos anciens aïeux perpétuait les dynasties, en désaccord comme elles tant avec le vrai principe de la souveraineté nationale qu'avec les exigences démocratiques et égalitaires de notre époque, affaiblie d'ailleurs par des fautes dont quelques-unes sont réellement graves, elle commence vers 1862 à trembler sur sa base. A cette époque, l'Empereur lui-même avoue, dans un discours prononcé à Lille et resté célèbre, qu'il voit dans la situation des points noirs. Les difficultés augmentent, et aux élections de 1867, malgré les candidatures officielles et la pression énorme de l'administration, les candidats de l'opposition parviennent à réunir, dans toute la France, un total de 3,500,000 voix. Plus tard, la situation se tend à ce point que dans l'entourage de l'Empereur on pressent une catastrophe. On se le dit à demi-voix, et dans les conversations intimes, on entend des gens attachés au gouvernement exprimer leur pensée à ce sujet par ces mots significatifs : — *Nous liquidons l'Empire.*

Des événements inattendus devaient précipiter le dénouement. — Une guerre engagée avec un puissant état voisin dans les conditions les plus insensées aboutit au plus épouvantable des désastres, et le second empire, suivant l'exemple des monarchies qui l'ont précédé, s'effondre à son tour, le 4 septembre 1870, après avoir mis la France à deux doigts de sa perte.

II

Telle est, succinctement résumée, la lamentable histoire des effondrements monarchiques en France depuis 80 ans, c'est-à-dire depuis l'époque où l'esprit nouveau, l'esprit de la démocratie et de la liberté, a fait invasion dans la société française et s'y est implanté pour n'en plus jamais disparaître.

Quelles leçons dans cette histoire pour les contemporains, et qu'elles doivent faire réfléchir les partisans quand même de la monarchie! — Si nous récapitulons, nous ne trouvons pas moins, dans l'espace de 80 ans, de sept gouvernements monarchiques violemment renversés, broyés, anéantis, laissant après eux la nation terrifiée, convulsionnée, haletante, toute meurtrie par l'horrible fléau des luttes intestines et des guerres civiles, et sans cesse occupée à panser ses plaies et à cicatriser ses blessures.

Les faits, on le voit, sur la grave question que nous étudions, sont entièrement d'accord avec le raisonnement. Comme lui ils démontrent, à n'en pouvoir douter un seul instant, qu'à l'époque où nous sommes, la Monarchie en France a fait son temps, qu'elle ne peut plus trouver parmi nous les éléments qui lui sont propres, qu'elle n'y est plus *viable*, et que si l'on persiste néanmoins à vouloir la rétablir, elle n'aura désormais, quelque dynastie qu'on choisisse et quelque forme qu'on lui donne, qu'une existence fragile et éphémère.

III

Si, d'ailleurs, nous plaçant spécialement au point de vue du moment actuel, nous entrons plus avant dans le vif du sujet, nous sommes amenés à constater que toute restauration monarchique serait aux prises, dès ses débuts, avec des difficultés véritablement insurmontables. La France, à l'heure qu'il est, ne compte pas moins de trois prétendants qui, aussitôt la lice ouverte, seraient prêts à se jeter dans l'arène. Les partisans de la Monarchie, unis contre la République, se subdivisent en trois fragments dès qu'il s'agit du choix du monarque. Quel que soit le parti qui triomphe (au cas où l'un d'eux serait encore appelé à triompher), il aura toujours contre lui, soit ouvertement, soit clandestinement, les deux partis évincés. Il aura de plus contre lui le parti de la République, qui grandit tous les jours, qui tous les jours, malgré les maladresses et les entraves, se sent plus fort parce qu'il est réellement le parti de l'avenir. Une monarchie restaurée dans de pareilles conditions ne pourra jamais être qu'un triste replâtrage sans cohésion, sans force, sans solidité, fatalement voué à la destruction dans un prochain avenir, et devant fatalement, dans ce même prochain avenir, rouvrir l'ère des révolutions et des cataclysmes.

Nous avons rappelé plus haut que le second empire, grâce au prestige d'un grand nom, est parvenu lors de sa création à réunir huit millions de suffrages. Nous ne croyons pas nous tromper en affirmant qu'aujourd'hui aucune monarchie ne pourrait réunir un chiffre pareil. Si par impossible l'un des trois partis rivaux obtenait la majorité, ce ne pourrait jamais être qu'une majorité faible, représentée par un peu plus que la moitié des suffrages exprimés, soit quelque chose comme 4 ou 5 millions de voix. — Il y aurait dans ce seul fait pour la monarchie nouvelle, indépendamment des motifs déjà exprimés, une cause de faiblesse de nature à l'amoindrir singulièrement. Eh quoi! dirait-on, le second empire avec huit millions de suffrages n'a pu se maintenir, et vous, monarchie nouvelle, vous prétendez durer avec 4 ou 5 millions. Allons donc! cela n'est pas possible!

A quel point de vue qu'on envisage la question, le résultat est donc toujours et infailliblement le même. Avec la continuation du régime monarchique, la France reste à jamais vouée aux révolutions périodiques et à toutes les calamités qui en sont la conséquence. Sans cesse agitée et troublée, perpétuellement ballottée de despotisme en révolution et de révolution en despotisme, elle perd son rang et son prestige, elle devient une nation de 3º ou 4º ordre, une sorte de seconde Espagne, elle se déshonore, se ruine, se démembre. *Elle marche droit à la décadence!*

La République seule peut la sauver!

IV

La République, étant le gouvernement de tous, n'éloigne aucun parti et satisfait tous les intérêts. N'admettant que des pouvoirs essentiellement temporaires, toujours renouvelables à de très courts intervalles au moyen de l'élection, puisant toute sa force dans le suffrage universel, rien que dans le suffrage universel, elle réalise véritablement, et dans toute son étendue, le règne de la souveraineté nationale. Avec elle, par suite, plus de prétexte aux révolutions. Le scrutin seul prononce. Il est l'arme pacifique qui doit à tout jamais remplacer l'arme meurtrière des guerres civiles.

Que si néanmoins contre toute attente, sous ce régime, des criminels ou des insensés essayaient encore de lever l'étendard de la révolte, la lutte ne pourrait être longue, car d'une part les révoltés, une fois la République définitivement fondée, ne seraient jamais bien nombreux, et d'autre part la répression serait prompte et efficace. La République, à cet égard, est placée sur un terrain mille fois plus solide que celui des monarchies. Elle est *le droit*, et quiconque agit contr'elle agit contre le droit. Lorsqu'elle réprime une sédition, elle ne fait point acte de tyrannie. Elle empêche au contraire la tyrannie de se produire. La tyrannie, en effet, c'est la substitution, à l'aide de la violence et de la force, de la volonté d'un seul ou de quelques-uns à la volonté de tous. La volonté de tous dans l'espèce est représentée par le gouvernement que la nation a choisi. La tyrannie est donc du côté de celui ou de ceux qui se révoltent, non du côté du gouvernement qui réprime.

En résumé, la force, sous la République, est la *sanction* du droit. En cas de révolte elle s'exerce, non au profit d'un intérêt particulier, d'une famille, d'une dynastie, mais au profit de la nation entière, attaquée dans la personne de ses représentants. Le gouvernement de la République, par suite, s'il est obligé de l'employer, aura toujours pour lui le droit, et avec le droit, l'assentiment moral de toute la nation, moins les révoltés. Dans de telles conditions, la répression sera toujours juste et légitime, toute tentative de révolte sera promptement anéantie, et l'ordre ne pourra jamais être sérieusement troublé.

Qu'on ne cherche pas à opposer à ce raisonnement l'abominable guerre civile qui nous afflige en ce moment. La République n'a rien à démêler avec elle.

Et d'abord, en ce moment, nous n'avons pas la République. — Nous ne l'avons pas eue un seul instant depuis le 4 septembre.

Nous avons eu en premier lieu une *dictature* proclamant la République. La nation n'avait pas été consultée. Elle n'avait pas de représentants réguliers. — Ce ne pouvait être là la véritable République.

Depuis le vote du 8 février, nous avons bien une assemblée élue, représentant la nation ; mais ni cette assemblée ni la nation elle-même ne se sont jusqu'ici prononcées sur la question de la forme du gouvernement. On administre provisoirement avec la forme républicaine, mais l'avenir reste incertain ; on flotte indécis entre les deux hypothèses du maintien de la République ou d'une restauration monarchique.

La République, *qui n'existe pas,* ne peut donc être responsable des événements actuels.

Il faut remarquer d'ailleurs qu'un concours de circonstances malheureuses, nées de l'horrible guerre que nous venons de subir, a permis exceptionnellement ce qui, en temps ordinaire, n'eût jamais pu se réaliser. D'une part, l'armée complètement désorganisée, désarmée à Paris en vertu des conditions de la paix. D'autre part, la population entière de Paris armée jusqu'aux dents avec les fusils, les mitrailleuses et les canons qui lui avaient été fournis pour défendre la ville pendant le siège. — Une telle situation ouvrait la porte toute grande à l'insurrection. — Elle explique à elle seule son succès passager et les proportions considérables qu'elle a prises.

Mais cette situation, hâtons-nous de le reconnaître, est de nature si exceptionnelle que des siècles entiers s'écoulent sans qu'il s'en produise une semblable. Elle est due d'ailleurs, dans son origine, à l'incapacité et à l'incurie du dernier gouvernement monarchique, et on peut être sûr que la République ne la ramènera jamais. Il n'y a donc pas lieu de s'en préoccuper pour l'avenir.

Une dernière considération.

On a souvent accusé le peuple français de légèreté et d'inconséquence. On lui reproche de trop aimer le changement, de ne savoir jamais se contenter du gouvernement qu'il a, et de faire sans cesse des révolutions.

Que la Monarchie redevienne le gouvernement de la France, le reproche paraît fondé. Les dernières révolutions que le peuple a accomplies n'auront eu aucun but sérieux. Elles n'auront servi qu'à le faire changer de maître.

Que la République au contraire remplace définitivement la Monarchie, sa conduite s'explique. Ses commotions et ses ébranlements successifs avaient leur raison d'être. Ils étaient la continuation et le développement de cette première révolution commencée en 1789 et qui avait pour but la conquête de la liberté et de la République. — Jusque dans ses écarts apparents, dira-t-on, le peuple français faisait œuvre de civilisation et de progrès ; il travaillait pour un but noble et élevé. — *Il cherchait sa voie :* — Il l'a trouvée en fondant la République.

V

De tout ce qui précède, une grande vérité se dégage, claire, précise, évidente, irréfutable. — Cette vérité, qui s'impose à tous, et devant laquelle tous sont obligés de s'incliner, nous la résumons ainsi :

Pour la France, à l'heure qu'il est, la République, C'EST LE SALUT ; la Monarchie, C'EST LA DÉCADENCE !

Qui donc entre ces deux alternatives pourrait hésiter à faire un choix ?

CHAPITRE IV

Appel à la Concorde.
Union de tous les partis sur le terrain éminemment conciliateur de la République.

I

Pendant que nous écrivons ces lignes, d'horribles maux sont déchaînés sur le sol de notre chère patrie. A la guerre la plus lamentable que l'histoire ait jamais enregistrée a succédé le fléau de la guerre civile. Des français se combattent et s'entretuent avec un acharnement qui tient du délire. La voix de la passion a remplacé la voix de la raison, et la raison vaincue est réduite à gémir sur des malheurs qu'elle n'a pu conjurer.

Quoique notre faible voix risque fort de n'être point entendue au milieu de la tourmente, nous voulons profiter de ce que nous tenons la plume pour résumer ici, en quelques mots, les pensées qu'un tel état de choses nous inspire.

II

A ceux qui, sous prétexte de progrès, de République

et de liberté, se sont faits les promoteurs de cette lutte impie, nous disons :

N'êtes-vous pas épouvantés de l'immense responsabilité que vous avez assumée sur vous, en imposant à votre pays les affreux malheurs qui l'accablent? Avez-vous assez songé aux victimes que vous faites chaque jour dans les deux camps, victimes innocentes pour la plupart? Avez-vous assez pensé aux ruines effroyables que vous accumulez, aux misères immenses que vous préparez? Vous êtes-vous assez demandé, enfin, si d'aussi énormes sacrifices étaient vraiment nécessaires pour assurer le résultat que vous déclarez vouloir atteindre, à savoir : le triomphe de la liberté et de la République?

Si au temps de la Monarchie l'insurrection a pu être considérée, dans certaines circonstances, comme le plus sacré des devoirs, croyez-vous donc qu'il puisse en être de même aujourd'hui, alors que le suffrage universel trône en souverain maître, et que nulle volonté ne s'élève au-dessus de la sienne?

N'avez-vous donc pas compris de quelle inconséquence vous alliez vous rendre coupables en livrant bataille au pouvoir issu de ce suffrage universel qu'avec raison vous préconisez tant? Eh quoi! la France, depuis quatre-vingts ans, a fait des révolutions pour se débarrasser de ses maîtres et devenir elle-même maîtresse de ses destinées, et quand elle a atteint son but, quand elle tient enfin ce pouvoir souverain dont elle était privée et qu'elle voulait à tout prix conquérir, vous êtes les premiers, vous qui vous dites les champions de sa délivrance, à provoquer la destruction violente du gouvernement qu'elle a librement choisi !

Mais le suffrage universel, prétendez-vous, a fait des choix détestables. — Il a envoyé à la Chambre une majorité réactionnaire qui ne veut pas de la République.

Cela ne saurait être une excuse.

Nous aussi, nous regrettons que le suffrage universel, dans son ensemble, ne se montre pas plus intelligent. Nous aussi, nous désapprouvons un grand nombre des choix qu'il a faits. Mais tout en déplorant ses écarts, nous respectons ses décisions. Le suffrage universel a tous les droits, même celui de se tromper, et tant qu'il laisse debout le grand principe de la souveraineté nationale, tant qu'il n'oblige pas la minorité à *abdiquer*, nul ne peut se soustraire à l'exécution de ses arrêts. L'assemblée actuelle, quelque soit l'esprit dont on la suppose animée, a laissé intact le grand principe que nous venons de rappeler, et elle se gardera bien d'y toucher. Dans ces conditions, elle est et demeure, quoique vous fassiez, le seul pouvoir vraiment légitime, le seul qui ait vraiment le droit de parler au nom de la nation.

On est confondu quand on songe que c'est vous précisément, vous, des républicains, qui foulez aux pieds et compromettez cette souveraineté nationale sans laquelle la République ne saurait exister. Que votre système soit admis, c'en est fait d'elle et de la République tout à la fois. Quelque soit le résultat futur des élections, il se trouvera toujours une minorité mécontente de ce résultat. Or, si cette minorité a le droit d'en appeler devant la force des décisions du suffrage universel, ce n'est plus le suffrage universel qui est le maître, *c'est la force*. Ce n'est plus la République que nous avons, c'est le plus brutal des despotismes.

Ajoutons qu'avec un pareil système, si jamais il pouvait prévaloir, nous aurions de plus, et par surcroît, le désordre, le chaos, la guerre civile en permanence, l'anarchie, en un mot tout ce qu'il faut pour perdre et désorganiser un pays.

Pour essayer de justifier votre attitude violente, vous allez jusqu'à prétendre que la République elle-même courait des dangers, que l'Assemblée tramait dans l'ombre la restauration d'une monarchie.

Il y a là une immense erreur, ou tout au moins une grande exagération. L'Assemblée eût-elle voulu restaurer une monarchie, elle ne le pouvait pas. En admettant, ce qui n'est pas prouvé, que ceux de ses membres qui professent des opinions monarchiques soient réellement en majorité, tout le monde sait, et déjà nous l'avons rappelé plus haut, que d'accord sur le principe, ils sont très divisés sur la question de dynastie. Il est parfaitement certain, par suite, qu'ils n'auraient jamais pu s'entendre sur le choix d'un monarque.

Elue d'ailleurs à la hâte, sans préparation, sans réunions, sans que les candidats aient eu ni le temps ni les moyens de se faire connaître des électeurs, élue de plus sous l'œil des Prussiens dans les départements envahis, l'Assemblée ne pouvait avoir qu'une mission restreinte, celle de faire la paix ou de continuer la guerre, de voter les lois urgentes, et de préparer l'élection d'une *Constituante*. Elle ne pouvait être constituante elle-même. Elle n'avait pas, moralement, l'autorité nécessaire pour cela.

Si vos craintes étaient réelles, que ne vous placiez-vous donc sur ce terrain? Que ne chargiez-vous vos députés de demander énergiquement la dissolution de l'Assemblée aussitôt sa mission spéciale accomplie? Que ne la demandiez-vous vous-mêmes dans vos journaux? — Cette solution suffisait, en tout état de cause, pour conjurer les dangers que vous dites avoir redoutés. — Il n'était pas besoin ponr cela de livrer votre pays aux horreurs de la guerre civile.

Parlerons-nous de la commune, de la fédération, de l'autonomie des villes, et en particulier de l'autonomie de Paris, toutes ces choses incomprises qui vous ont aussi servi de prétextes pour engager la lutte?

Peu de mots à cet égard suffiront.

Si les réformes que vous aviez en vue ne comprenaient que des choses vraiment réalisables, comme un conseil élu à Paris, une extension des attributions municipales pour la province aussi bien que pour Paris, et une réduction correspondante des attributions laissées jusqu'ici au pouvoir central, ces réformes ne constituaient que de simples questions de détail ressortant des délibérations de la représentation du pays, et ne pouvant en aucune façon légitimer l'appel à la révolte. Des questions de ce genre et de cette importance peuvent à tout instant se présenter. Les institutions d'un pays libre étant indéfiniment perfectibles, des modifications de détail peuvent toujours y être introduites. — Où en serions-nous donc si, chaque fois qu'une modification de cette nature apparaît comme utile à une fraction du pays, on devait voir éclater une révolution ?

Si vos prétentions, au contraire, ne se bornaient pas à ce que nous venons d'indiquer; si, par exemple, la commune que vous demandiez pour Paris d'abord et pour la province ensuite devait être, comme celle que vous faites fonctionner en ce moment, un véritable gouvernement, pourvu d'une force armée indépendante, légiférant et administrant à côté du gouvernement central, — oh ! alors, vous demandiez des choses insensées et impraticables, qu'aucun pouvoir raisonnable ne pourra jamais accorder.

Comment sous prétexte de franchises municipales, vous voudriez que *chaque ville*, et même *chaque commune*, devenue *autonome*, ayant une milice à elle, une police à elle, pût faire en toute matière, même en dehors des intérêts vraiment communaux, des décrets et des lois à son usage spécial ! — Mais cela est l'absurdité même ! — De ces décrets et de ces lois innombrables, sans corrélation aucune avec les décisions du pouvoir central, se contredisant sans cesse et s'annihilant réciproquement, il ne pourrait sortir qu'un affreux gâchis, une suite non interrompue de conflits et de confusions inextricables. — Un pareil système équivaudrait à l'absence de tout gouvernement. Ce serait l'*anarchie organisée*. Si jamais il pouvait prévaloir, c'en serait fait de la France !

Du peu que nous venons de dire il ressort, sans aucun doute possible, que vos revendications de commune, d'autonomie des villes et de fédération ne peuvent, à quelque point de vue qu'on les apprécie, pas plus que les prétendus dangers courus par la République, vous excuser d'avoir déchaîné sur votre pays le fléau de la guerre civile. Restreintes à ce qui est susceptible de réalisation, elles devaient être proposées à la représentation du pays (celle actuelle ou une autre), examinées et discutées par elle. Poussées plus loin, elles ne sont plus que des utopies et doivent être comme telles impitoyablement repoussées.

Que dirons-nous de vos actes ? — Deux mots suffisent à les résumer. — Ils sont odieux, insensés, iniques, arbitraires, et n'ont à aucun point de vue le caractère républicain. Ils sont l'antipode, la *négation* de la République.

De vos écrits, de vos journaux, de vos discours ? — Oh ! c'est là surtout que votre esprit anti-républicain se révèle ! — La République est par excellence un gouvernement de concorde et de paix. Si elle a inscrit sur les plis de son drapeau le mot sublime *fraternité*, c'est qu'elle considère tous les hommes comme frères, c'est qu'elle veut qu'ils se considèrent eux-mêmes et se traitent comme tels. Or, vous n'êtes occupés, dans vos publications et dans vos discours, qu'à décrier, calomnier, noircir et outrager vos adversaires, lesquels pourtant, quelles que soient les divergences d'opinion qui vous séparent, sont vos concitoyens et vos frères. La plupart de vos articles ne sont, dans leurs détails aussi bien que dans leur ensemble, que déclamations incendiaires, cris de fureur, anathèmes, accusations, dénonciations, excitations passionnées à la haine et à la vengeance. — *La haine!* — *La vengeance!* — Quoi de plus horrible, de plus barbare et de plus *antirépublicain* que ces deux mots! — La haine, c'est le désir de voir souffrir le semblable qui déplaît, ou duquel on croit avoir à se plaindre. — La vengeance, c'est l'application de la haine, c'est le fait d'infliger soi-même à autrui cette souffrance qu'on désire lui voir éprouver. — Or, le mal que vous souhaitez ou que vous faites à autrui ne vous produit aucun bien. — Souhaitez-vous et faites-vous donc le mal *pour lui-même ?* — Le spectacle de la souffrance chez les autres est-il donc susceptible de vous procurer *un plaisir?* — Il est impossible de rien imaginer de plus immoral, de plus inique, de plus monstrueux qu'une pareille doctrine, et ce sont de prétendus républicains qui la prêchent et la propagent! — Allez, vous êtes de faux frères, vous vous parez d'un titre qui ne vous appartient pas. — Vous êtes des prêtres indignes, vous souillez la divinité que vous prétendez adorer!

III

Nous adressant maintenant à ceux qui, par une résistance exagérée, par une opposition trop absolue à l'application des idées nouvelles, ont pu indirectement favoriser et rendre possible l'insurrection, en fournissant des prétextes aux agitateurs, nous leur disons :

Le moment est venu de cesser les résistances et d'entrer dans la voie des concessions sérieuses. L'insurrection actuelle, toute blâmable et toute criminelle qu'elle soit, porte avec elle un enseignement. Elle a été faite au nom de la République. C'est parce qu'on a fait croire aux gardes-nationaux de Paris que la République courait des dangers qu'il a été possible d'en décider un aussi grand nombre à prendre part à la révolte. Il y a certainement parmi les révoltés des gens sans aveu, des repris de justice, des malheureux perdus par l'inconduite et la débauche, des individus déclassés, en un mot toute cette tourbe qui est comme l'écume, le rebut, la lie de la société, et qui se réfugie de préférence dans les grandes villes. Ces gens-là sont de toutes les insurrections. On les trouve partout où le désordre se produit, où l'on peut espérer de pêcher en eau trouble. — Mais pour être juste, il faut reconnaitre qu'il n'y a pas que cela dans l'insurrection actuelle. Il y a aussi, et en grand nombre, croyons-nous, des gens honnêtes, qui en combattant n'ont en vue que la revendication de certains droits qu'ils croient légitimes. Si ceux-là ont arboré l'étendard de la révolte, c'est surtout parce qu'ils ont craint de voir disparaître la République, qu'ils considèrent comme la sauvegarde de leurs droits. C'est à l'aide de ce prétexte qu'on est parvenu à les tromper, à les égarer, à les entraîner au-delà du but qu'ils poursuivent, lequel but, réduit à ses vraies proportions, n'aurait par lui-même rien que de naturel et de très-acceptable.

Il faut reconnaître en outre (cela est rigoureusement exact et cela se confirme tous les jours) que si la partie de la population de Paris qui par principe et par intérêt tient le plus à l'ordre ne s'est point jetée en travers de l'insurrection et a laissé faire, c'est surtout parce qu'elle a cru, bien à tort sans doute, mais enfin elle a cru, elle aussi, qu'à Versailles on conspirait contre la République.

Nous sommes parfaitement d'avis que la violence ne prouve rien par elle-même, et que pas plus que la force elle ne saurait primer le droit, mais nous pensons néanmoins que des événements aussi considérables que ceux qui viennent de se produire doivent être pris en considération, qu'ils constituent un élément grave avec lequel on ne peut se dispenser de compter. — Si l'on songe que dans la plupart des villes de France, et surtout dans celles importantes, l'esprit qui domine en politique est à peu près le même qu'à Paris ; si de plus on se rend un compte bien exact des dangers que présentent les froissements excessifs de l'opinion dans les centres renfermant de grandes agglomérations d'hommes, on arrive forcément à cette conclusion qu'aucune monarchie ne pourrait désormais tenir tête à l'orage, et que dans un milieu aussi hostile aux institutions monarchiques, la République seule est possible.

Que les résistances cessent donc. Que de toutes parts on se rallie franchement et sans arrière-pensée à la République, et les difficultés disparaîtront comme par enchantement. L'insurrection actuelle sera immédiatement désarmée et réduite à l'impuissance, car elle n'aura plus aucune raison d'être.

IV

A tous enfin nous disons :

Assez de luttes, assez de sang versé, assez de ruines, assez de douleurs, assez de larmes ! N'attendez pas que la France succombe ! Au nom du Ciel, réconciliez-vous ! Que les passions s'apaisent, que la raison reprenne ses droits, que la vérité enfin apparaisse !

Placés à des points de vue différents, trop exclusivement dominés par le sentiment de vos intérêts personnels, vous êtes injustes les uns envers les autres. Vous vous prêtez réciproquement des défauts que vous n'avez pas, et réciproquement aussi vous grossissez outre mesure ceux que vous avez réellement. Pour ceux d'entre vous qu'on appelle les déshérités, quiconque est riche est exploiteur du peuple et s'engraisse de ses sueurs. Pour les favorisés, au contraire, tout ce qui est peuple n'a que des sentiments vils et des instincts mauvais, ne rêve que la dévastation et le carnage. Cela se résume par un mot affreux : — *la canaille.* — Eh bien ! ces belles choses ne sont vraies ni d'un côté ni de l'autre. Il n'y a pas que des exploiteurs et des tyrans chez les riches, que des gredins et des buveurs de sang chez les pauvres. Il y a seulement, chez les uns et chez les autres, les faiblesses inhérentes à notre imparfaite humanité. Certains riches, beaucoup peut-être, sont trop indifférents aux misères des autres, et trop peu portés par suite à satisfaire aux légitimes réclamations des classes déshéritées. Certains prolétaires, beaucoup aussi croyons-nous, sont trop ardents, ne raisonnent pas assez, et poussent leurs prétentions au-delà de ce qui est possible et juste. — Voilà la vérité. — Mais ils ne sont les uns et les autres (pour la généralité au moins et sauf de rares exceptions) ni des criminels ni des infâmes, comme réciproquement ils se le disent tous les jours.

Qu'on suppose pour un instant, par la pensée, les rôles intervertis, les prolétaires occupant la place des gens qui possèdent, élevés comme ceux-ci l'ont été, et ces derniers réduits à la condition des prolétaires, vivant dans le milieu où ils vivent. Les résultats seront-ils différents ? Ce serait une grande erreur de le penser. Ils seront exactement les mêmes. Les faiblesses de l'humanité se retrouveront encore dans les deux camps. Il n'y aura de changé que les noms et les rôles.

C'est que les hommes, il ne faut pas l'oublier, ont tous la même origine et partant les mêmes imperfections naturelles, à quelque classe qu'ils appartiennent. Il n'y en a pas de plusieurs espèces. Vivant dans des milieux différents, subissant les influences diverses des milieux où ils vivent, ils se développent, avec les faiblesses inhérentes à leur nature, dans des conditions différentes. Là est la véritable et l'unique cause des différences qui se remarquent dans leurs idées, dans leurs tendances, dans leurs manières d'être, dans leurs attitudes.

Cela étant, notre premier devoir à tous est de nous montrer indulgents les uns pour les autres. Arrière donc les colères, les rancunes, les violences et les haines ! N'oublions pas que nous sommes tous faibles, tous sujets à erreur, et que nous n'avons pas le droit d'exiger chez les autres la perfection que nous n'avons pas nous-mêmes. Sachons de part et d'autre résister aux entraînements funestes, et entrons franchement, sincèrement, résolument, dans la voie des concessions réciproques, la seule qui puisse aboutir à un accord sérieux, à une entente loyale et durable.

La République, à cet égard, nous offre des ressources inappréciables. Elle est par excellence, nous l'avons dit déjà, un gouvernement de concorde et de paix. Elle se prête admirablement aux idées de conciliation. Elle est de plus un gouvernement éminemment civilisateur. Elle ouvre la porte à tous les progrès utiles, à toutes les améliorations réalisables, et elle fournit à ceux que ces progrès et ces améliorations peuvent le plus intéresser, le moyen de les réaliser *pacifiquement*. Elle permet d'arriver du mal au bien, du bien au mieux, progressivement, sans secousses, sans désordre, sans luttes, par le seul emploi de l'examen, de la discussion et du vote. — Unissons-nous donc tous sur ce terrain si favorable à la fois à la conciliation et au progrès. Rattachons-nous à la République comme à notre seule ancre de salut, et mettons nos soins à la bien fonder, afin qu'elle pousse sur notre sol de profondes racines, et qu'elle reste à tout jamais le gouvernement de la France.

Quand nous aurons fait cela, la France, soyez-en sûrs, se relèvera promptement de son abaissement momentané. Elle marchera d'un pas assuré dans la voie de la vraie civilisation, dédaignant les utopies, mais recherchant et réalisant les améliorations sages et pratiques. Désormais assise sur la base immuable du droit, elle ne risquera plus de voir, à de courts intervalles, ses fondements ébranlés et sa fortune compromise par le terrible jeu des émeutes et des révolutions. Un ordre *durable* sera l'un des premiers résultats de sa transformation politique. Avec l'ordre elle verra renaître la sécurité et la confiance, et une ère nouvelle, assurant la prospérité dans le présent, et remplie des plus brillantes promesses pour l'avenir, s'ouvrira devant elle.

Constituée en République, la France de plus ne tardera pas à reprendre dans le concert des nations son rang et son prestige. Les revers militaires que lui ont infligés l'incapacité et l'incurie de ses derniers maîtres ont laissé intact son honneur. Elle est restée au premier rang sous le rapport des arts, des sciences, des lettres, de l'industrie, pour tout ce qui est du domaine de l'esprit et de l'intelligence. Avec la République, qui est une forme supérieure de gouvernement, elle redeviendra *la grande nation*, la nation *initiatrice*, la nation *modèle*. Elle brillera comme un phare lumineux sur les nations ses voisines et les éclairera de ses rayons. Elle grandira sans cesse en influence et regagnera rapidement, et même avec usure, le terrain que des malheurs immérités lui ont fait perdre.

V

Nous terminons par un dernier conseil.

En raison des circonstances qui ont présidé à son élection, l'assemblée actuelle, nous l'avons dit déjà, ne pouvait avoir qu'une mission restreinte, celle de faire la paix ou de continuer la guerre. Elle a fait la paix : sa mission est accomplie. Elle-même le reconnaît, et aussitôt que les événements le permettront, elle se dissoudra pour céder la place à une assemblée constituante.

Les élections qui se feront alors auront pour la France une importance capitale. Elles seront pour elle une question *de vie* ou *de mort*.

Pour que la France *vive*, il faut que la République sorte grande et forte des délibérations de la future assemblée.

Ne perdons pas de vue cette importante considération, et faisons-en la règle de nos votes.

De même que, selon un proverbe vulgaire, pour faire *un civet*, il faut *un lièvre*, n'oublions pas que pour faire *une République*, il faut *des républicains*. L'esprit anti-républicain d'une fraction notable de l'assemblée actuelle a certainement contribué, sinon à engendrer, au moins à aggraver les difficultés qui nous étreignent en ce moment. Que la leçon nous serve. Ne renouvelons pas les erreurs commises alors que nous les connaissons et que nous en touchons du doigt les tristes résultats.

Ayons grand soin de ne faire porter nos choix que sur des hommes honnêtes, sérieux, honorables, jouissant de l'estime et de la considération publiques. Ayons grand soin aussi d'éviter les exaltés, les écervelés, les illuminés, les utopistes, ceux que nous pourrions appeler, pour les caractériser d'un mot, *les brouillons de la République*. Mais ces premières distinctions faites, ces premières précautions prises, exigeons en outre, exigeons surtout de nos candidats qu'ils soient *sincèrement républicains*, et ne donnons nos voix qu'à ceux qui nous offriront les plus entières garanties à cet égard.

LE SALUT DE LA FRANCE EST A CE PRIX !

SUPPLÉMENT

19 mai 1871.

I

Quand nous avons livré à l'impression le travail qui précède, l'abominable lutte qui vient d'épouvanter la France et le monde durait encore. L'anxiété était générale. Une seule et constante préoccupation absorbait en France tous les esprits. Chacun se demandait : Quand donc et comment cela finira-t-il ?

Pour notre part, nous trouvions alors le tableau bien sombre. Nous gémissions sur les souffrances et les maux de chaque jour, et nous redoutions de voir ces souffrances et ces maux se reproduire et se perpétuer pendant de trop longs jours encore.

Une pensée toutefois apportait quelque adoucissement à nos tristesses. Nous inclinions à voir, dans les fauteurs de l'insurrection, des exaltés, des illuminés et des fous, plutôt que des criminels endurcis. Nous nous efforcions d'espérer que ces hommes, malgré le cynisme de leurs paroles et l'infernale sottise de leurs actes, s'arrêteraient sur la pente du crime et n'oseraient pas, en plein XIX⁰ siècle, jeter le défi à la civilisation, en renouvelant parmi nous les forfaits et les cruautés d'un autre âge.

Nos espérances, hélas, étaient vaines ! — Les infâmes ont osé, et ce qu'ils ont fait dépasse ce que l'imagination pouvait enfanter de plus horrible !

Il existe de par le monde une ville dont la splendeur et la magnificence étaient l'objet de l'admiration universelle. L'étranger qui avait la bonne fortune de pénétrer dans cette incomparable cité était comme ébloui par les richesses de toute nature qu'elle contenait, par l'éclat de ses œuvres d'art, par la beauté grandiose de ses monuments. — Cette ville, c'est Paris, la capitale de la France, que par l'effet de leur admiration enthousiaste tous les peuples s'accordent à appeler en outre *la capitale du monde civilisé !*

Les ennemis que le sort des armes avait à plusieurs reprises amenés dans ses murs, frappés comme d'un saint respect à la vue de tant de merveilles, avaient laissé intactes toutes ses beautés. Ils auraient considéré comme une profanation sacrilége d'y toucher. Des sauvages eux-mêmes ne l'auraient pas osé.

Ce que des ennemis de la France n'ont pas fait, ce que des sauvages eux-mêmes n'auraient pas osé faire, les hommes de la Commune l'ont fait ! Ils ont promené la torche dévastatrice sur ce Paris si magnifique, sur ce prodigieux assemblage de beautés incomparables. Des incendies allumés sur tous les points de la

Capitale ont consumé en tout ou en partie, et en nombre considérable, les monuments les plus superbes, les établissements industriels les plus importants, des hôtels et des maisons particulières de la plus grande valeur. Les Tuileries et l'Hôtel-de-Ville, ces merveilles de l'art architectural, ne sont plus à l'heure qu'il est qu'un immense monceau de ruines. La bibliothèque nationale, la plus admirable et la plus complète qui soit au monde, a failli devenir la proie des flammes. La bibliothèque du Louvre est détruite, et le Louvre lui-même, avec ses galeries de tableaux uniques dans le monde entier, n'a échappé que par miracle au désastre. Les misérables incendiaires, qui dans l'accomplissement de leur œuvre de destruction avaient pris pour auxiliaires le pétrole et la dynamite, voulaient anéantir la ville tout entière, et sans les prompts secours organisés sur tous les points avec le concours de la population, de l'armée, des pompiers de Paris et des compagnies de pompiers accourues en toute hâte des divers points de la France, qui tous ont fait preuve en ces tristes circonstances du dévouement le plus admirable, Paris n'existerait plus aujourd'hui qu'à l'état de souvenir !

Non contents d'assouvir sur les monuments et la ville elle-même leurs épouvantables appétits de férocité et de haine, ces hommes pervers, pris d'un accès de fureur insatiable, ont massacré sans pitié, sans jugement et sans l'ombre d'un motif, des otages que depuis plusieurs semaines ils retenaient prisonniers. — Soixante-quatre personnes complètement innocentes, et parmi elles plusieurs jouissant d'une célébrité et d'une considération légitimement acquises, sont ainsi tombées sous leurs coups. De ce nombre sont, notamment : le vertueux archevêque de Paris ; l'abbé Deguerry, curé de la Madeleine ; le président Bonjean ; et le citoyen Chaudey, rédacteur du journal le *Siècle*, écrivain remarquable, dont les opinions républicaines étaient bien connues (1).

Cent soixante-neuf autres otages, destinés au même sort, n'ont dû leur salut qu'aux généreux efforts de l'armée, qui est parvenue à les délivrer au moment où ils allaient être fusillés.

En présence de ces abominables forfaits, l'esprit demeure confondu, et l'on se demande avec stupeur ce que pouvaient être ces hommes qui, par un concours de circonstances à jamais regrettables, ont été pendant plus de deux mois les maîtres de Paris.

Ils prétendaient être des hommes politiques, et ils n'avaient pas, à eux tous, l'ombre d'une idée sérieuse et pratique ! Ils s'annonçaient comme des philantropes, comme des bienfaiteurs de l'humanité, ayant pour mission de régénérer le monde, et ils ont consommé des forfaits auprès desquels pâlissent ceux commis par les plus infâmes habitants des bagnes et par les plus vils gredins dont la tête ait roulé sur l'échafaud !

Ils osaient enfin se dire républicains, et ils ont fait tout ce que la République défend, et ils n'ont rien fait de ce que la République commande ! — Eux, des répu-

---

(1) Dans la dépêche annonçant au public ces affreux malheurs, l'illustre chef du pouvoir exécutif s'exprimait ainsi en parlant de M. Chaudey : « Après avoir égorgé le généreux Chaudey, cœur plein de bonté, républicain invariable, qui pouvaient-ils épargner ? »

blicains ! — Allons donc ! — Ils se sont affublés de ce titre pour mieux tromper leurs dupes. Comme le loup de la fable, ils ont revêtu le costume du berger, et grâce à ce travestissement, ils ont pu attirer dans leurs antres beaucoup de brebis innocentes. Mais les oreilles de l'horrible bête à la fin ont passé, et elles ont passé si droites et si longues que les moins clairvoyants ont pu les apercevoir. — Votre masque est tombé, messires loups, et aujourd'hui nous vous voyons enfin tels que vous êtes, et nous ne trouvons en vous que des personnalités prétentieuses, turbulentes et haineuses, que des natures pleines de fiel, jouant avec le crime, et pataugeant sans sourciller dans des flots de sang humain ! — Dépouillés de vos oripeaux, vous n'êtes plus que des scélérats, des incendiaires et des assassins !

II

Et maintenant, que faut-il conclure de cette comédie à la fois grotesque et infâme, de ces saturnales éhontées et sanglantes dont Paris vient d'être à la fois le théâtre et la victime, dont la France et le monde ont été les spectateurs stupéfaits?

Un profond enseignement en ressort : — C'est que dans une société organisée en République, où chaque citoyen jouit du droit de vote, c'est-à-dire du droit de participer par l'entremise de ses représentants à l'administration des affaires publiques et à la confection des lois, *l'insurrection est toujours un crime.* Elle est même le plus grand de tous les crimes, car à la différence des crimes ordinaires, qui n'atteignent que des intérêts individuels et isolés, elle s'attaque, elle, *à la société tout entière*, dont elle méprise impudemment la volonté, qu'elle combat et qu'elle tyrannise dans la personne de ses défenseurs et de ses représentants.

Et c'est précisément parce qu'une telle insurrection est par elle-même un crime que les honnêtes gens s'en éloignent, et qu'il ne se trouve pour la diriger que des hommes pervers et méchants. Les gens qui raisonnent savaient cela avant que la dernière insurrection ne se produisît. Tout le monde le saura aujourd'hui, car les faits sont si palpables et si évidents que les moins compétents en ces matières ne sauraient manquer d'en être frappés.

C'est à vous surtout, ouvriers, artisans et prolétaires de Paris et des grandes villes, que la leçon s'adresse plus particulièrement. Trop peu versés dans l'étude de la politique et de la science économique pour être à même de bien discerner où sont vos véritables intérêts, stimulés d'ailleurs par le désir légitime de voir disparaître les abus qui vous nuisent, vous vous laissez facilement séduire et entraîner par les promesses irréalisables des sectaires ambitieux et des meneurs, et vous servez d'instruments à leurs détestables passions. Ils vous ont dit : — Les républicains platoniques vous perdent. Il vous faut des républicains énergiques, déterminés, cruels et sanguinaires au besoin, qui sachent vous obtenir par la violence et par la force ce que vous les chargerez de demander en votre nom. — Et beaucoup d'entre vous, croyant à ces abominables paroles, se sont laissé enrôler dans les rangs de l'insurrection. — Vous pouvez voir aujourd'hui où cela vous a conduits. Instruits par une fatale expérience, vous pouvez mesurer l'étendue du mal que renfermaient ces pernicieux conseils. — Ouvrez enfin les yeux à la saine lumière, et reconnaissez que c'est le contraire de ce qu'on vous a dit qui est vrai. — La force a pu être nécessaire à une époque où quelques-uns s'arrogeaient le droit de diriger seuls, et dans le sens le plus favorable à leurs intérêts, les affaires de la nation, où jamais vos griefs ne pouvaient être entendus. — A notre époque et sous la République, elle ne peut plus servir qu'à vous perdre.

III

Si, détournant nos regards des horribles événements dont nous venons d'être les témoins, nous recherchons ce que nous avons à faire pour réparer nos maux actuels et empêcher le retour de maux semblables dans l'avenir, force nous est de reconnaître que plus que jamais l'union entre toutes les classes et entre tous les citoyens est nécessaire pour nous sauver. Nous persistons donc plus que jamais aussi à considérer comme très sage et à préconiser la politique modérée et humanitaire par nous conseillée précédemment.

Que les coupables soient punis! Qu'ils subissent le juste châtiment réservé à leurs abominables crimes! La loi, la justice, le maintien de la civilisation et le suprême intérêt de la société le veulent!

Mais qu'en dehors de l'insurrection et tout ce qui y

a joué un rôle criminel, tous les bons citoyens se souviennent qu'ils sont frères, et qu'ils entrent tous franchement, et sans arrière-pensée, dans la voie de l'apaisement et de la réconciliation ! Que la concorde et la paix s'établissent enfin définitivement parmi nous ! Que la pensée du salut commun anime tous les esprits droits et honnêtes, et les porte à s'unir pour être forts, pour rendre désormais impossible toute tentative nouvelle de l'esprit de désordre ! Les honnêtes gens, en somme, sont incomparablement plus nombreux que les coquins. Quand ils seront unis, sérieusement et sincèrement unis, ils disposeront d'une force si formidable que les projets des démolisseurs seront à jamais écartés, et que la société sera définitivement sauvée. Union donc ! Union à tout prix ! Il le faut ! Le salut de la société l'exige ! Que tous les partis s'effacent et se confondent dans un seul, dans un même parti, le parti de la réparation, le parti du bien, le parti de la France !

Cette union complète, cette concorde, cette paix, que nous recommandons de toutes nos forces et sans lesquelles nous ne pouvons désormais nous sauver, nous ne les obtiendrons qu'avec la République.

Notre conclusion, par suite, reste toujours et invariablement la même. Elle se résume par ces simples mots :

Union et République !

www.ingramcontent.com/pod-product-compliance
Lightning Source LLC
LaVergne TN
LVHW020953090426
835512LV00009B/1870